Bruder Paulus Terwitte
Marcus C. Leitschuh

Trau dich, die Bibel *anders* zu lesen

HERDER
FREIBURG · BASEL · WIEN

www.herder.de

Gesamtgestaltung:
Weiß – Graphik und Buchgestaltung
Bilder: © ccvision: 6, 66
© FOTOLIA: 9 Maxim Mukhin, 10–11 letzelnet, 20–21 Alexander Maier, 24 urbanhearts, 30 Nabil Biyahmadine,34–35 Tim Osborne, 42 Undine Freund, 46–47 Andrew Brown, 54 Mehdi Hama, 58–59 Mickael Denoual, 62 Karin Lau, 80 Photo Intrigue, 82–83 Jean-claude Drillon, 86 Sonya Etchison, 90 Angie Lingnau, 94 Christopher Loneragan
© Ingram: 48, 50
© Photocase: 14, 27, 40, 70–71, 72, 76
Umschlag: photocase.com; ccvision (Fotomontage)

Herstellung: fgb · freiburger graphische betriebe
www.fgb.de

Gedruckt auf umweltfreundlichem,
chlorfrei gebleichtem Papier

ISBN 978-3-451-29255-2

Inhaltsverzeichnis

Einblick

Die Bibel ist kein altes Buch. Die Texte sind zwar von früher, sie zeugen aber von unserem Gott, der sich damals wie heute um die Menschen und ihre Welt sorgt. Das „Buch der Bücher" ermutigt zur Liebe. Es weckt den Glauben, stärkt die Mutlosen; fordert Gerechtigkeit statt Ausbeutung.
Die alten Geschichten und Gleichnisse, Sprüche und Weisheiten der Bibel wollen sich mit unserem Leben verbinden. Ihre Verfasser verbinden ihre Erfahrungen mit Gott. Ihr Leid klagen sie ihm, ihre Freude wird zum Loblied, ihre Enttäuschung zum Hader und ihre Hoffnung zur Zuversicht, dass letzten Endes Gott Alles in Allem sein wird.
Die Urgeschichten, Gefühle und Überzeugungen der Bibel erreichen uns aus fernen Tagen. Sie wollen bei uns ankommen. Wir dürfen uns daher trauen, sie mit unserem Leben zu lesen, sie in uns aufzunehmen, durchzuspielen,

voller Gefühl laut zu lesen oder gar hinauszuschreien. Dann geben wir Gott eine Chance, an uns und mit uns jene Wunder zu tun, die er immer schon tut – nach biblischem Zeugnis. Wir haben Ihnen für dieses Buch sieben Bibelstellen herausgesucht und abgedruckt, die wir für wichtig halten. So haben Sie den Text dabei und können unsere Vorschläge ausprobieren. Wir greifen Stichworte auf und geben Ihnen Hinweise, wie Sie damit umgehen können. Am Ende haben wir Ihnen hoffentlich Mut gemacht, Ihre Bibel daheim aus dem Regal zu nehmen und sich zu trauen, sie anders zu lesen.

Bruder Paulus Terwitte
Marcus C. Leitschuh

Mit den Psalmen der Bibel ist es wie mit dem Brot. Über Brot kann man diskutieren, man kann es analysieren, chemisch in seine Bestandteile auflösen ..., doch nur dem, der das Brot isst, gibt und stärkt es das Leben.

Erich Zenger (* 1939, Bibelwissenschaftler)

1. Außer Kontrolle: Vertrauen

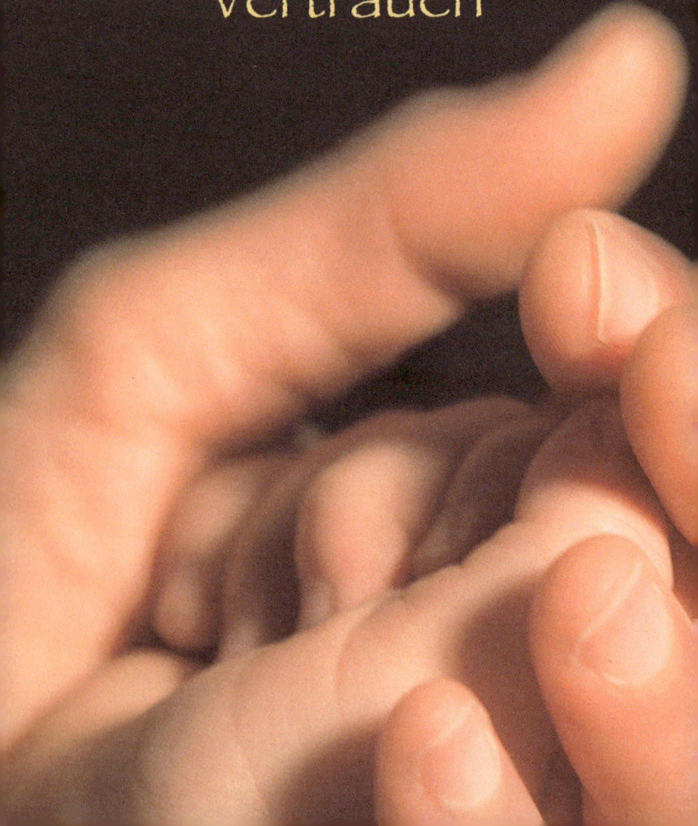

Der Geist der Kindschaft

Herr, mein Herz ist nicht stolz,
nicht hochmütig blicken meine Augen. ¶
Ich gehe nicht um mit Dingen,
die mir zu wunderbar und zu hoch sind. ¶
Ich ließ meine Seele ruhig werden und still;
wie ein kleines Kind bei der Mutter ist
meine Seele still in mir. ¶
Israel, harre auf den Herrn
von nun an bis in Ewigkeit! ¶ Psalm 131

1 Die Bibel ist ein Herzensbuch

Die ersten Texte der Bibel sind Gebete. Ohne die unmittelbare Beziehung zu Gott konnte keine einzige Geschichte entstehen. Deswegen kann ohne Glauben auch keine einzige Geschichte der Bibel verstanden werden. Man muss sich, wenn der Glaube noch klein ist, trauen, das Herz dem Verstand vorzuordnen. Deswegen beginnen wir den Übungsweg zum Verständnis der Bibel auch nicht mit den ersten Seiten der Bibel. Vor der Erzählung der Geschichten von der Welt und von Gott steht die Erfahrung der Treue Gottes zu Israel. Dieses Volk war nie sehr groß. Klein an Zahl, wussten und wissen sich die Nachkommen Abrahams als Träger der Verheißung, die allen Menschen gilt: Alle Herzenssehnsucht nach Frieden und Glück kann Gott erfüllen.

2 Mit kindlicher Größe

Der Psalm 131 lädt uns ein, sich in die Rolle des vertrauenden Kindes hineinzuversetzen. Es ist gezwungen, sich der Mutter auszuliefern. Diese Beziehung ist dennoch kein Gefängnis. Der Traum von einem selbständigen Leben entsteht am Herzen der selbständigen Mutter. Sie gibt dem Kind Raum zum Wachstum. Aufrechter Gang und Aufrichtigkeit, Nähe und Distanz erwachsen aus der elterlichen Liebe. Die mir das Leben schenkten, werden so zum Symbol der Glaubensbeziehung. Wer sich Gott anvertraut, wird groß.

TRAU DICH, vor Gottes Größe dein Maß zu finden.

3 In elterlicher Nähe

Beim Saugen an der Brust sucht das Baby bald den Blickkontakt. Gut gesättigt begnügen sich Mutter und Kind damit, einander anzuschauen. Vom Vater lernt das Kind, das innige Vertrauen nach außen zu wenden. Erwachsen geworden, löst sich das Kind aus dieser Innigkeit um so mehr, je mehr es sich den Grund für das Dasein von Vater und Mutter begreifen traut. Dass sie für uns da sind, ist in Gott begründet, dessen schönster Name ist: ICH BIN DER ICH BIN DA FÜR DICH.

TRAU DICH anzunehmen, dass Gott für dich da ist.

4 Mit aufgeklärtem Verstand

Überraschend für viele ist, wie klar die Bibel vom Verstand des Menschen redet. Glaube und Vernunft sind kein Widerspruch. Stellen Sie sich vor, wie weit das Fragen sich zu gehen traut, wenn es darüber aufgeklärt ist, dass hinter der Welt und an ihrem Ende nichts Beängstigendes zu erwarten ist. Versetzen Sie sich in das vertrauende Herz des gestillten Kindes, das im Wissen um den Halt der Eltern immer aushäusiger werden wird. Aus dem herzlichen Vertrauen in Gott kann die Vernunft sich trauen, ihre Grenzen auszuforschen. Weil allein Gott allwissend und allmächtig ist, wird sie bereit, diese Grenzen demütig anzuerkennen.

TRAU DICH, denkend zu glauben und gläubig zu denken.

5 Im Dienst für alle

Der Psalm führt vom Vertrauen zur Aktion. Sagen Sie öfter laut: Israel, harre auf den Herrn. Die ungewöhnlichen Worte brauchen Zeit, bis sie ihren vollen Widerhall im Herzen finden. Denken Sie bei „Israel" an das Volk der Juden, aber auch an das neue Israel: Die Freunde Jesu, die in der Kirche zum neuen Volk Gottes gesammelt werden. Je öfter Sie Bilder von Ihrer Gemeinde, Ihrer Familie als Hauskirche oder auch von der Weltkirche beim Aussprechen des letzten Psalmwortes heraufholen, desto inniger lernen Sie, dass Gott Ihnen immer nahe ist. Wer auf Gott vertraut wie ein Kind, wird zum Anstifter der Hoffnung für die Mitmenschen.

TRAU DICH, von Gott her Hoffnung zu stiften.

6 Mit Blick auf die Ewigkeit

Das Kind an der Brust der Mutter kann dort nicht ewig bleiben. Es muss von dort weiter in die Welt ziehen. Keine Geborgenheit bleibt ewig. Aber in diesen Erfahrungen schmecken wir, was eigentlich gemeint ist: Dass der Schöpfer des Lebens uns in seiner Hand hat. Wir können uns an seine Brust lehnen. Die Momente tiefen Vertrauens in Ihrem Leben sind Botschafter einer Sicherheit, die uns tröstet, wenn wir misstrauen müssen. Ich schöpfe aus der stillen Kraft, dass alle Abbrüche und Umbrüche meines Lebens von Gott begleitet sind, der mich in seiner Ewigkeit vollenden wird.

Trau dich, im Alltag (auf) Gott zu vertrauen.

7 Anders beten

Alles Bitten und Betteln der Kinder hat seinen Grund in der Erfahrung von Genährtsein im elterlichen Grund. Ohne vorherige Sättigung gäbe es keine Klage über den Mangel. Psalm 131 revolutioniert unser Beten. Wir sollen weniger bitten, aber uns dafür stärker an Gott schmiegen: Er weiß, was wir brauchen. Wir sollen weniger problematisieren, wie es denn nun um Gott steht: Wir sind jedenfalls kein Problem für Gott. Wir sollen uns trauen, einfach einmal genug zu haben. Und mit der Hingabe des Herzens alles andere Gott zu überlassen.

TRAU DICH, emotionaler zu beten.

2. Die brennende Sehnsucht

Der brennende Dornbusch

Mose weidete die Schafe und Ziegen seines Schwiegervaters Jitro, des Priesters von Midian. Eines Tages trieb er das Vieh über die Steppe hinaus und kam zum Gottesberg Horeb. Dort erschien ihm der Engel des Herrn in einer Flamme, die aus einem Dornbusch emporschlug.

→

Er schaute hin: Da brannte der Dornbusch und verbrannte doch nicht. Mose sagte: Ich will dorthin gehen und mir die außergewöhnliche Erscheinung ansehen. Warum verbrennt denn der Dornbusch nicht? ¶ Als der Herr sah, dass Mose näher kam, um sich das anzusehen, rief Gott ihm aus dem Dornbusch zu: Mose, Mose! Er antwortete: Hier bin ich. ¶ Der Herr sagte: Komm nicht näher heran! Leg deine Schuhe ab; denn der Ort, wo du stehst, ist heiliger Boden. ¶ Dann fuhr er fort: Ich bin der Gott deines Vaters, der Gott Abrahams, der Gott Isaaks und der Gott Jakobs. Da verhüllte Mose sein Gesicht; denn er fürchtete sich, Gott anzuschauen. ¶ Der Herr sprach: Ich habe das Elend meines Volkes in Ägypten gesehen und ihre laute Klage über ihre Antreiber habe ich gehört. Ich kenne ihr Leid. ¶ Ich bin herabgestiegen, um sie der Hand der Ägypter zu entreißen und aus jenem Land hinaufzuführen in ein schönes, weites Land, in ein Land, in dem Milch und Honig fließen, in das Gebiet der Kanaaniter, Hetiter, Amoriter, Perisiter, Hiwiter und Jebusiter. ¶ Da sagte Mose zu Gott: Gut, ich werde also zu den Israeliten kommen und ihnen sagen: Der Gott eurer Väter hat mich zu euch gesandt. Da werden sie mich fragen: Wie heißt er? Was soll ich ihnen darauf sagen? ¶ Da antwortete Gott dem Mose: Ich bin der »Ich-bin-da«. Und er fuhr fort: So sollst du zu den Israeliten sagen: Der »Ich-bin-da« hat mich zu euch gesandt. ¶ Weiter sprach Gott zu Mose: So sag zu den Israeliten: Jahwe, der Gott eurer Väter, der Gott Abrahams, der Gott Isaaks und der Gott Jakobs, hat mich zu euch gesandt. Das ist mein Name für immer und so wird man mich nennen in allen Generationen. ¶ Exodus / 2 Mose 3,1–8.13–15

1 Die Bibel ist ein Befreiungsbuch

Das individuelle Vertrauen in Gott weitet sich in die Erfahrung der Achtsamkeit Gottes für sein Volk Israel. Die Bibel ist im Ersten – dem so genannten „Alten" – Testament die Bibel des auserwählten Gottesvolkes, das aus der Gefangenschaft Ägyptens befreit wird. Die Christen haben eine besondere Nähe zu den „Kindern Abrahams", weil aus diesem Volk Jesus kommt. Dessen Jünger bekennen im Zweiten – dem „Neu" genannten – Testament, dass jetzt einer gekommen ist, der tut, was einst ein Volk tun sollte: Im Namen Gottes alle Völker einladen, sich von Gott aus aller Versklavung an falsches Denken und Handeln befreien zu lassen.

TRAU DICH, Freiheit als Geschenk Gottes zu sehen.

2 Ein Neuanfang in der Fremde

Mose hatte Glück. Er sollte als männlicher Nachkomme wie seine Altergenossen getötet werden. Seine Mutter spielte ihn durch eine List dem Haushalt des Pharao von Ägypten zu. Er wird wie ein Prinz behandelt. Stellen Sie sich die Karriere vor, die vor ihm liegt. Noch ist er aber unten. Der behütete Palastjunge wird ein hütender Schafhirt. Gott holt die Menschen von unten ab. Beim Lesen dieser Bibelstelle können Sie an den großen König David denken. Er war ebenfalls Schafhirt und wird von der Herde weggeholt. Dass Jesus geboren wird in der Nähe von Schäfern – wen wundert's?

TRAU DICH, von Anfang an mit Gott zu rechnen.

3 In unwirtlicher Umgebung

Diese Bibelstelle schmeckt so gar nicht süß und rund. Lassen Sie sich vom Wüstensand umwirbeln. Mose ganz allein und gar nicht daheim! Gott beginnt sein Wirken in den Sorgen der Menschen und weniger da, wo die Menschen erfüllt sind vom Glück. Der große Führer seines Volkes, Mose steht schon am Anfang seiner Geschichte mit Gott allein da. Und er begegnet Gott in der Wüste. Wenn er später mit dem Volk loszieht, werden Alleinsein und der Weg durch die Wüste in ihm die Erinnerung an seine erste Begegnung mit Gott wecken.

TRAU DICH, im Unbequemen zu Gott zu beten.

4 Mit offenen Augen

Die Augen des Mose kennen Palast und grünes Land. Jetzt schmerzen sie vor Trockenheit und Sand. Daran ist er nicht gewöhnt. Die Augen wollen sich schützen. Sie werden zu schmalen Schlitzen. Versetzen Sie sich in die Augenlider des Mose: „Nein, das ist zu gefährlich, sich jetzt zu öffnen. Die Natur zwingt uns, nicht genau zu sehen. Lieber fast nichts sehen, als unter Schmerzen alles zu sehen!" In diese Angst kommt vom Schmerzstrauch voller Dornen Gottes ermutigendes „ICH BIN DA". Hören und Sehen gehen Mose ganz neu auf.

TRAU DICH, dein Leben neu zu sehen.

5 In heiliger Konkurrenz

Ins Land, wo Milch und Honig fließen, soll Mose sein Volk führen. Die vielen Völker werden aufgezählt, die dort schon wohnen. Es wird kein Spaziergang werden, deren Land einzunehmen. Solche kriegerischen Aussichten bringen uns auf Distanz. Wir können uns Gott nicht vorstellen, wie er uns Kriege erklären lässt, um anderen in seinem Namen ihre Heimat zu nehmen. Wir lesen solche Texte anders, wenn wir ihnen ihren Sinn für damals lassen. Für heute entnehmen wir ihnen, dass Vieles uns zwar lukrativ erscheint und wir es auch nutzen sollen. Aber dennoch sollen wir darin nicht neue Götter sehen. Glauben und Glück sollen sich allein auf Gott beziehen.

TRAU DICH, wesentlich zu werden.

6 Name des Vertrauens

Aus dem Feuer, das den Dornbuch nicht verbrennt, prägt sich Mose die Gewissheit ein: Gott ist da. Hier. Für mich. Für uns. Er wird ganz und gar von dieser Gewissheit erfasst. Mehr braucht er nicht. Alles ist darin enthalten: ICH BIN DER ICH BIN DA FÜR DICH! Wie Eltern für ihre Kinder da sind. Das Kind weint im Dunkeln; auch wenn es die Mutter nicht sieht, sie ist da. Es ist hingefallen; der Vater ist da und hebt es auf. Es freut sich; die Eltern teilen mit ihm die Freude. Das schönste Geschenk, das wir einander machen können, ist ganz und gar der Ausdruck für das Wesen Gottes: ICH BIN DA FÜR DICH.

TRAU DICH, mehr deinem Glauben als deinem Gefühl zu trauen.

7 Anders denken

Gottes Weg mit Mose beginnt im heißen Sand. Das Volk Israel wird durch die Wüste ins Gelobte Land geführt. Auf Sand statt auf saftigen Wiesen, unter sengender Sonne statt unter schattigen Bäumen, in Zelten statt in Palästen geht Gottes Volk den Weg der Verheißung. Die Bibel lehrt uns, Gott in den Widrigkeiten des Lebens zu erfahren. Wer glaubt, wird nicht betäubt, sondern befähigt, in den Problemen des Lebens Herausforderungen zu sehen. Gott tröstet ganz anders, als wir uns ausdenken. Sein ICH BIN DA stärkt den Menschen. Sein „Geh und sag“ sendet jeden, der ihm vertraut, andere in dieses Vertrauen einzuladen.

Trau dich, deine Erwartungen an den Glauben zu erneuern.

3. Das entfesselte Wachstum

Die Berufung des Jeremia

Das Wort des Herrn erging an mich: Noch ehe ich dich im Mutterleib formte, habe ich dich ausersehen, noch ehe du aus dem Mutterschoß hervorkamst, habe ich dich geheiligt,zum Propheten für die Völker habe ich dich bestimmt. ¶ Da sagte ich: Ach, mein Gott und

→

Herr, ich kann doch nicht reden, ich bin ja noch so jung. Aber der Herr erwiderte mir: Sag nicht: Ich bin noch so jung. Wohin ich dich auch sende, dahin sollst du gehen, und was ich dir auftrage, das sollst du verkünden. ¶ Fürchte dich nicht vor ihnen; denn ich bin mit dir, um dich zu retten – Spruch des Herrn. ¶ Dann streckte der Herr seine Hand aus, berührte meinen Mund und sagte zu mir: Hiermit lege ich meine Worte in deinen Mund. Sieh her! Am heutigen Tag setze ich dich über Völker und Reiche; du sollst ausreißen und niederreißen, vernichten und einreißen, aufbauen und einpflanzen. ¶ Jeremia 1,4–10

1 Die Bibel ist ein Anspruchsbuch

Die Bibel enthält vielfältige Zeugnisse von Menschen, die sich auf Gottes Anspruch eingelassen haben. Der Name des Propheten Jeremia weist darauf hin, wie Gottes Herausforderungen wirken. „Jeremia" bedeutet: „Gott richtet auf". Eigene Träume und Lebensplanungen enttäuschen uns oft, weil ja doch alles anders kommt. Gott dagegen bietet uns einen Halt an, der uns vom Mutterschoß an gegeben ist. Er fordert uns heraus, zu überprüfen, von wem und von was wir uns bestimmen lassen. Die Bibel weckt in uns einen prophetisch kritischen Geist, mit dem wir Erfahrungen und Handlungen anders einschätzen lernen als „man" es tut.

TRAU DICH, dem Anspruch Gottes nicht auszuweichen.

2 Mit klarer Herkunft

So sehr wir Kinder unserer Eltern sind: Auch sie konnten nur schöpferisch sein, weil Gott es ihnen ermöglicht hat. Es ist sein Wille, dass wir geboren wurden. Wir kommen von ihm her. Ihm allein sind wir verpflichtet. Wir gehen anders mit uns selbst, mit Eltern, Kindern und Verwandten um, wenn wir Gott erkennen als den, der jeden im Mutterschoß ins Leben ruft. Wert und Würde empfange ich nicht aus der Stellung in der Familie. Weil ich von Gott her gewollt bin, muss jeder Mitmensch mit mir achtsam umgehen – und ich mit ihm.

TRAU DICH, als Kind Gottes zu wirken.

3 Mit Kraft

Die Bibel spart nicht mit Aufträgen an den Menschen. Sie ist kein Buch, das zur Bequemlichkeit verleitet. Der Prophet Jeremia soll vernichten und aufbauen, einreißen und einpflanzen. Spüren Sie das Erschrecken über diese Aussichten! Überprüfen Sie, ob Sie sich so gesandt sehen wollen. Gott will den Menschen entschieden und stark sehen. Immer geht es darum, die Barrieren zwischen den Menschen einzureißen. Furchtlos gibt Gott die Kraft, Unrecht auch Unrecht zu nennen. Gottes Hand auf dem Mund des Propheten gewährt ihm eine Freundschaft mit seinem Schöpfer, die sich von nichts mundtot machen lässt.

Trau dich, in Gottes Namen deine Muskeln friedlich spielen zu lassen.

4 Mit Jugendlichkeit

Auf die Frage, wann das Leben und der Auftrag zur Verwandlung der Welt beginnt, antworten zu viele Menschen: später! Zu Jung. Zu unerfahren. Die Bibel lehrt, dass jedes Lebensalter einen göttlichen Auftrag hat. Auch Kinder und Jugendliche nimmt Gott in die Pflicht. Auch sie wissen schon sehr gut, was man sein lassen soll und wozu man verpflichtet ist. Junge Männer und junge Frauen können aus der Bibel lernen, mutig ihre Wahl zu treffen. Das Erschrecken davor hat mit der Angst zu tun, man schränke sich ein. Die Bibel lehrt, wie weit das Leben wird und welch jugendliche Kraft man sich für die Jahre bewahrt, wenn man ergreift, wozu Gott einen befähigt und sendet.

TRAU DICH, deinen Weg schon heute zu wählen.

5 Mit Zärtlichkeit

Stellen Sie sich vor, wie Gott seine Hand auf den Mund des Propheten Jeremia legt. Lassen Sie die Bilder zu, die Ihnen dabei kommen. Sosehr es stimmt, dass wir uns kein Bild von Gott machen sollen: Wir müssen zu unseren Erfahrungen greifen, wenn wir Gott begreifen wollen. Ist die Welt sein Werk, können wir in allem, was wir darin finden, seine Spuren entdecken. Die Zärtlichkeit der Hand, die sich liebend auf meine Lippen legt: „Äußere jetzt nicht mehr deine Bedenken. Vertrau mir einfach. Nimm an, was sich aufgrund meiner Liebe in dir wandelt. Aus tausend Bedenken wird die Freiheit, Ja zu sagen zu einem neuen Weg."

TRAU DICH, demütig Gottes Sorge um dich anzuerkennen.

6 Mit Weite

Nichts ist der Bibel fremder wie Enge. Sie ist kein Buch, das Angst verbreiten will. Propheten wie Jeremia sind aufgetreten, um gegen Kleinlichkeit und Unterdrückung anzugehen. Lassen Sie Gott einen Moment ganz persönlich zu Ihnen sprechen: „Wohin ich dich auch sende, dahin sollst du gehen!" Schauen Sie hin, wohin Sie geführt wurden, freiwillig und öfter noch unfreiwillig.
Die Bibel lädt ein, sich im Fragen und Klagen, Staunen und Entsetzen über den eigenen Lebensweg auf die Suche nach den Spuren Gottes zu machen. Sie mündet in der Erkenntnis: „Nicht ES ist so gelaufen, nein: ICH habe es getan! Und ich suche, was ich davon tat, weil DU mich führtest."

TRAU DICH, als Botschafter Gottes deinen Horizont zu erweitern.

7 Anders dastehen

Dass man auch „nur“ ein Mensch sei, ist keine biblische Entschuldigung. „Sehr gut“ hat Gott den Menschen gemacht, heißt es im Lied von der Schaffung der Welt. Die Bibel ist optimistisch, was den Menschen angeht. Sie ist aber auch realistisch. Der Mensch wird nicht verklärt. Sein Halt ist sein Schöpfer. Wir stehen anders da, wenn wir wissen, dass Gott seine Partnerschaft, die in der Bibel Bundestreue heißt, nicht aufgeben wird. „Ich bin mit dir“ ist der Refrain, mit dem auch Jeremia auf den Weg geschickt wird. Diese Zusage soll uns zu Herzen gehen und in die Glieder fahren. Beten Sie, indem sie eine Zeitlang hörend diese Zusage wiederholen. Vertrauen sie dem Wort Gottes: „Ich bin mit dir.“

TRAU DICH, durch Gott selbstbewusst zu sein.

4. Die persönliche Haftung

Jesus beruft die ersten Jünger

Als Jesus am See von Galiläa entlangging, sah er zwei Brüder, Simon, genannt Petrus, und seinen Bruder Andreas; sie warfen gerade ihr Netz in den See, denn sie waren Fischer. Da sagte er zu ihnen: Kommt her, folgt mir nach! Ich werde euch zu Menschenfischern machen. Sofort ließen sie ihre Netze liegen und folgten ihm. ¶ Als er weiterging, sah er zwei andere Brüder, Jakobus, den Sohn des Zebedäus, und seinen Bruder Johannes; sie waren mit ihrem Vater Zebedäus im Boot und richteten ihre Netze her. Er rief sie, und sogleich verließen sie das Boot und ihren Vater und folgten Jesus. ¶

Matthäus 4,18–22

Wir können die Bibel so lesen, dass wir uns in einzelne Personen und sogar Details aus einer biblischen Geschichte einlassen. Statt nur über die Oberfläche der Geschichte zu schauen wie über eine Wanderkarte, können wir eine Landschaft bauen mit Höhen und Tiefen, mit Temperaturen und dem Geschmack eines Sees.

1 Jesus

Ich gehe als Jesus durch diese Landschaft. Am See erkenne ich Boote und arbeitende Fischer. Da sind Kinder zu sehen und Frauen und Männer. Ein Brüderpaar fällt mir auf. Sie sind der Stolz und die Hoffnung ihres Vaters. Ich sehe das an der Art, wie der Vater mit ihnen zusammen arbeitet. Als Sohn des himmlischen Vaters erkenne ich, dass dies Männer sind, die mir helfen können. Sie sollen mit mir verkünden, dass mein Vater auf alle Menschen mit Stolz und Hoffnung schaut.

2 See von Galiläa

Ich liege faul in der Gegend herum. Mal leckt die Sonne mir viel Wasser weg. Mal überschüttet mich der Regen mit allem Möglichen. Der Jordan durchfließt mich. Er hat mir die Geschichte zugetragen von dem Mann, der darin so getauft wurde, dass der Himmel sich öffnete. Manchmal muss ich daran denken, wenn ich so in die heiße Luft hoch zu den Wolken schaue. Die Fische in mir sind Nahrung für die Fischer. Da herrscht eine ganz ordentliche Konkurrenz. Von wegen Himmel offen: Wer mit mir arbeiten muss, der kommt aus dem Kreislauf nicht heraus von Fischen und Verkaufen. Fischen und Verkaufen. – Doch halt, warum laufen da zwei Fischer von ihrem Geschäft weg?

3 Simon und Andreas, die Fischer

Wir können zupacken. Wir reden nicht gern. Wie reden nicht viel. Früh am Morgen geht es hinaus auf den See. Die Stürme sind manchmal schrecklich. Wir haben uns an ihre Macht gewöhnt. Uns kann sowieso nichts mehr erschrecken. Wir kennen das Leben. Es gibt Betrüger und es gibt Heilige. Es gibt Kranke und es gibt Gesunde. Jeder muss eben das Beste daraus machen. Mehr ist nicht drin. Uns kann keiner was erzählen. Da soll zwar einer von diesem Täufer getauft worden sein, der irgendwie anders ist. Aber wahrscheinlich redet der nur schön. Auf den fallen wir nicht rein, nicht wahr, Andreas? – Andreas? Wo läufst du hin?

4 Jakobus und Zebedäus, die Brüder

Wir halten zusammen wie Pech und Schwefel. Wir schimpfen aufeinander, aber dann vertragen wir uns wieder. Unsere Mutter kann uns manchmal nicht aushalten. Aber dann will sie auch wieder, dass wir ganz vorn mitmischen. In der Schule sollten wir immer die Besten sein. Bei der Arbeit zählt bei ihr nur, wie viel wir nach Hause bringen. – „Stimmt nicht!“ – Wieso nicht, ist doch so. – „Nein, ist nicht so, du bist eben so faul.“ – Bin ich nicht. – „Bist du doch!“ – Stopp! Hör mal. Ruft uns da einer?

5 Netze

Wie oft wir schon geflickt worden sind, wissen selbst die ältesten Fäden nicht mehr. Immer und immer wieder wird hier und wird da was gemacht. Neue Netze können sich unsere Besitzer ja auch nicht leisten. In uns verfangen sich dafür zu wenige Fische. Das ist ein Teufelskreis. Schlechte Netze – schlechte Ernte – schlechter Erlös – kein Geld für neue Netze – noch schlechterer Fang usw. Gerne würden wir uns mal zusammentun. Aber das wollen unsere Chefs nicht. Jeder wirft nur sein eigenes Netz aus. Basta! Wenn da einer käme und sie dazu brächte, uns gemeinsam auszuwerfen, würden die Lücken kleiner und die Ernte würde größer ...

6 Verlassen und Nachfolgen

Das Verlassen mag niemand gern. Alle wollen bleiben. Festhalten. Stärke beweisen durch Standpunkte. Das Nachfolgen schmeckt vielen auch nicht. Einem nachgehen: Das fühlt sich so unselbständig an. Jeder will ja am liebsten einfach nur gehen nach dem Motto: Wir wissen zwar nicht, wo wir hinwollen, aber das mit ganzer Kraft. Das Verlassen und das Nachfolgen haben bei den Menschen von heute kaum eine Chance. Dabei könnte das Leben so interessant werden. Richtig Leben heißt: verlassen – es fängt ja schon mit der Geburt an – und: nachfolgen – das haben wir doch als Kind schon gemacht, als wir der Mutter nachplapperten. Das kann doch nicht so schlimm sein – es warten doch neue Erfahrungen!

7 Menschenfischer

Lieben ist auch: Im Trüben fischen. Wer weiß schon, mit was einem der Geliebte noch aufwarten wird. Niemand redet gern so von der Liebe. Auch von der Hoffnung müssen wir so reden: Wir werfen die Angel aus nach hehren Zielen; am Ende erreichen wir nur selten diese, aber in den Enttäuschungen unterwegs holen wir aus der Tiefe des Lebens Weisheit und Lebenskraft. Wenn Fischen meint, andere an die Angel zu holen, klingt es sehr gewalttätig. Wenn Fischen jedoch meint, andere aus der Orientierungslosigkeit und heillosen Angst ins Fahrwasser Gottes zurückzuholen: dann her mit dem Netz gelebten Glaubens!

TRAU DICH, zu der Überzeugung des Glaubens zu stehen.

5. Das wahre Wollen

Die Heilung des blinden Bartimäus

Sie kamen nach Jericho. Als er mit seinen Jüngern und einer großen Menschenmenge Jericho wieder verließ, saß an der Straße ein blinder Bettler, Bartimäus, der Sohn des Timäus. ¶

→

Sobald er hörte, dass es Jesus von Nazaret war, rief er laut: Sohn Davids, Jesus, hab Erbarmen mit mir! Viele wurden ärgerlich und befahlen ihm zu schweigen. Er aber schrie noch viel lauter: Sohn Davids, hab Erbarmen mit mir! ¶ Jesus blieb stehen und sagte: Ruft ihn her! Sie riefen den Blinden und sagten zu ihm: Hab nur Mut, steh auf, er ruft dich. ¶ Da warf er seinen Mantel weg, sprang auf und lief auf Jesus zu. ¶ Und Jesus fragte ihn: Was soll ich dir tun? Der Blinde antwortete: Rabbuni, ich möchte wieder sehen können. ¶ Da sagte Jesus zu ihm: Geh! Dein Glaube hat dir geholfen. Im gleichen Augenblick konnte er wieder sehen, und er folgte Jesus auf seinem Weg. ¶ Markus 10,46–52

1 Das Tor zu Kreuz und Auferstehung

Alle Sinne hat Gott geschaffen, damit wir ihn erkennen und Jesus, den er gesandt hat. Wir gehen deshalb mit Ihnen auch durch diesen Text, der im ältesten Evangelium das Tor zur Passionsgeschichte ist. Kein Wunder, dass am Tor von Jericho ein Blinder sitzt. Bei allem, was Jesus an Leid von Seiten der Menschen und an Auferstehung von Seiten seines himmlischen Vaters erfährt, kann man sich nur die Augen reiben: Gottes Sohn ans Kreuz gebracht und ein Mensch, der von den Toten aufersteht – gegensätzlicher kann es nicht zugehen. Setzen Sie sich für die nächsten zehn Minuten neben den Blinden ans Tor von Jericho. Sie hören, wie Jesus vorbeikommt. Er soll etwas Besonderes sein. Ihre Spannung steigt. Doch sie können (noch) nicht sehen ...

2 Blinde Augen öffnen Ohren

Eine große Menschenmenge ist zwischen Ihnen und Jesus. Er hat kein Auge für Sie. Aber Sie haben ein Ohr für ihn. Sie hören, wie er spricht. Durch das Raunen der Menge erkennen Sie seine Stimme. Sie haben geübte Ohren und können Farben und Formen hören. Sie sehen, was andere schon längst übersehen. So arm Sie in den Augen derer sind, die sich für sehend halten, so reich sind Sie im Wahrnehmen von Zwischentönen und Untertönen. Sie wissen das, aber Sie können das nicht sagen. Keiner hat ein Ohr für Sie. Aber Jesus hat ein Ohr für Sie. Bestimmt. Mit aller Kraft atmen Sie ein und schreien: Jesus, Sohn Davids, hab Erbarmen mit mir.

3 Die Unwilligkeit der Menge

Furchtbar, dieses Geschrei! (Versetzen Sie sich in die Lage der unwilligen Menge.) Mit Recht bringe ich die Leute dazu, sich von solchen Individuen abzusetzen. Es kann doch nicht gelten, dass der am weitesten kommt, der am lautesten schreit. Ich muss für Ordnung sorgen. Alle haben sich bitte umzusehen, wie man am wenigsten auffällt. Am besten hat alles ein und dasselbe Niveau. Im Grunde ist man doch am besten bedient, wenn man nicht auffällt – bis auf die paar Blinden, Tauben, Armen, Behinderten, Sünderinnen und Sünder, an ihrer Kinderlosigkeit Leidenden, die paar Arbeitslosen und chronisch Kranken ... Erschrocken höre ich, dass sich Jesus genau diesen Menschen zuwendet. Warum nicht mir?

4 Der Schrei

Ich stecke schon lange im Hals des Blinden. Er hat sich lange geärgert über seine Situation. Alle haben ihn zu trösten versucht. Er solle sich damit abfinden, dass er nichts sieht. Es werde nur noch schlimmer, wenn er ständig jammere. Am besten sei es, sich still ins Schicksal zu ergeben. Dass es eine zum Himmel schreiende Ungerechtigkeit ist, nichts zu sehen in einer Welt, die doch so bunt sein soll, wie man ihm sagte: Das solle er lieber still erdulden. Ich ärgere mich schon lange, dass ich nicht zum Zuge kommen darf. Deshalb habe ich mich immer mehr ausgebreitet in seinem Hals. Seine Stimme wurde immer leiser. Obwohl er die meiste Zeit sitzt, ist er kurzatmig geworden. Ich schnüre ihm das Herz vom Kopf ab.

5 Der Mantel

Ich schütze den Blinden vor Kälte und Regen, Hitze und Staub. Wenn Menschen sich fern halten von ihm, kann ich das gut verstehen. Es geht ein Geruch von mir aus, der komponiert ist aus den Erfahrungen einer langen Zeit. Ich bin praktisch mit ihm verwachsen. Bartimäus und ich, ich und Bartimäus: Ich bin seine zweite Haut geworden. Ohne mich kommt er um vor Kälte oder Hitze. Unter mir kann er alles verbergen, seine Träume und seine Tränen. Ich gebe ihm still Schutz und sogar ein wenig Heimat. Nie würde er mich ablegen. Denn wer kennt meinen Herrn besser? Wer gibt ihm größere Sicherheit ...?

6 Der Wille

Hunderte Male habe ich es gemeistert, dass Bartimäus nicht am Boden blieb. Ich bin schier verzweifelt daran, seine Augen zu öffnen. Ich wollte ihm helfen, normal zu sein. Denn das hat ja noch keiner gesehen, dass einer, der blind ist, große Sprünge machen kann! Deswegen setzte ich alles daran, dass es mit dem Sehen wieder möglich wurde. Als ich dann hörte: „Was willst du, dass ich dir tun soll?", war ich ganz perplex. Ich war ganz benommen von dem Interesse Jesu ohne meine Vorleistung. Ich ließ Bartimäus benommen wiederholen, was er immer schon sagte: „Meister, ich will, dass ich wieder sehen kann." Warum ich allerdings zu dem, den ich noch nie gesehen hatte, Meister sagte, weiß ich bis heute nicht. Bis jetzt war ich doch immer der Meister meines Herrn ...

7 Jesus

Wenn die wüssten, was bald kommen wird! Mir sind die Menschen mit ihrer Suche nach Sensationen und einem Heilsbringer oft zu viel. Die Einsamkeit der Berge ist der Ort, an dem ich mit dem Vater gerne spreche. Vermutlich hat er mich da am liebsten gehabt, um mich dort auf den Weg vorzubereiten, der von hier direkt nach Jerusalem ins Chaos führt. Schrecklich, wenn die Leute nicht sehen können, was da kommen wird! Sie tun so, als ginge alles normal weiter. Sie werden mich noch zum König machen, wenn das so weitergeht! Jetzt schubsen sie auch noch diesen Bettler zurück. Seine Blindheit stört sie; sie sind nämlich selber so. Sein Betteln stört sie; sie betteln ja selber um einen mächtigen Heiland, der einen eigenverantwortlichen Kampf überflüssig macht.

6. Alarm. Gott brennt.

Pfingsten

Als der Pfingsttag gekommen war, befanden sich alle am gleichen Ort. Da kam plötzlich vom Himmel her ein Brausen, wie wenn ein heftiger Sturm daherfährt, und erfüllte das ganze Haus, in dem sie waren. Und es erschienen ihnen Zungen wie von Feuer, die sich ver-

teilten; auf jeden von ihnen ließ sich eine nieder. Alle wurden mit dem Heiligen Geist erfüllt und begannen, in fremden Sprachen zu reden, wie es der Geist ihnen eingab. ¶ Als sich das Getöse erhob, strömte die Menge zusammen und war ganz bestürzt; denn jeder hörte sie in seiner Sprache reden. ¶ Alle gerieten außer sich und waren ratlos. Die einen sagten zueinander: Was hat das zu bedeuten? Andere aber spotteten: Sie sind vom süßen Wein betrunken. ¶ Da trat Petrus auf, zusammen mit den Elf; er erhob seine Stimme und begann zu reden: Ihr Juden und alle Bewohner von Jerusalem! Dies sollt ihr wissen, achtet auf meine Worte! ... jetzt geschieht, was durch den Propheten Joël gesagt worden ist: ¶ In den letzten Tagen wird es geschehen, / so spricht Gott: / Ich werde von meinem Geist ausgießen / über alles Fleisch. / Und es wird geschehen: / Jeder, der den Namen des Herrn anruft, / wird gerettet. ¶ Apostelgeschichte 2,1–4.6.12–14.16f.21

1 Macht

Ich schreie. Ich werde zum Lichtermeer. (Stellen Sie sich die Masse vor, etwa bei einem Fußballspiel mit Zehntausenden von Menschen.) Ich mache, was es in mir macht. Bei mir kriegt man kaum noch Luft. Ich nehme jedem das Gesicht. In mir kann man keinen Einzelnen finden. Wohin ich treibe, dahin müssen alle gehen. Ich schiebe sie, ich lass sie stolpern. Meine Dynamik kann man nicht steuern. Niemand hat mich im Griff.

Lassen Sie sich Zeit damit, diese Macht zu spüren. Die Bibel will uns anleiten, die verschiedenen Kräfte in der Welt zu erkennen. Es geht nicht immer sofort um Gott. Es geht auch um die Vielfalt menschlicher Erfahrung.

2 Sprache

Ohne mich geht gar nichts. Jeder hat mich gelernt. Keiner wird mich wieder los. Selbst wenn der Mund verstummt, lebe ich in Händen und Füßen. Das Gesicht mache ich zur Grimasse oder ich zaubere darauf ein Lächeln, das jeder versteht. Oder auch missversteht. Das schmerzt mich besonders. Ich merke dann, wie machtlos ich bin. Ich zeige und drücke aus: Doch ohne Aufnahme beim anderen bin ich nichts.

Bemerken Sie, wie Lukas als Arzt und Autor der Apostelgeschichte auf die gegenseitige Abhängigkeit anspielt, die zwischen Menschen besteht: Verständlichmachen und Verstehenwollen sind Grundaufgaben, die Gott an Pfingsten unterstützt.

3 Sturm

Ich bin zwischen Hochdruck und Tiefdruck, zwischen Überfluss und Mangel. Ich bin ein gewaltiger Ausgleich und eile von einem Pol zum anderen. Man nennt mich eine Naturgewalt und fürchtet sich vor meinem Auftreten.

An Pfingsten demonstriert Gott, dass die Naturgesetze nicht alles sind. Selbst Herkunft und Besitz sind keine ewige Bestimmung. Der Mensch hat Freiraum zur Gestaltung. Wenn Sie sich in den Sturm hineinversetzen, stellen Sie sich vor, wie stürmisch es erst werden wird, wenn Menschen durch den pfingstlichen Geist Gerechtigkeit verwirklichen und die scheinbar unumstößlichen Verhältnisse Gottes Gesetzen unterwerfen. In diese Tiefenschicht des Textes müssen Sie gelangen!

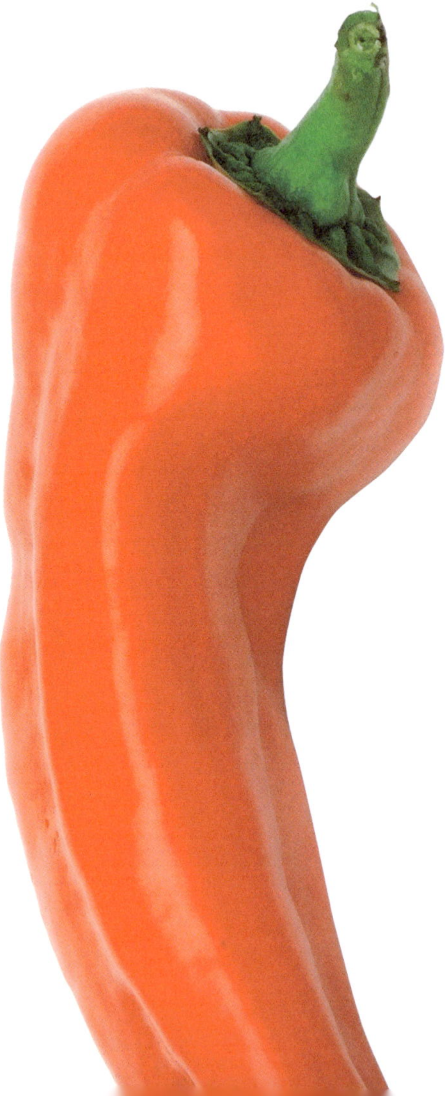

4 Feuerzunge

„Hilfe" ruft man, wenn ich komme. Löschen ist der erste Gedanke. Dabei bringe ich auch Wärme, Energie und Lebensfreude, wenn Menschen sich um mich versammeln. Aber sie wollen und müssen mich immer im Griff behalten. Wärmen und sich an mir verbrennen, das liegt so nah.

Pfingsten ist Verwandlung, die Wärme und Licht unter die Menschen bringt. Das ist jedoch kein übermenschliches Ereignis. Jede Menschengeschichte kann vom Feuer Gottes erreicht werden. Es geht an Pfingsten um die Hingabe an die Flamme. Das persönliche Lebensmaterial soll nicht länger zwischen mir und den anderen stehen; wenn ich es Gott hinhalte, hilft er mir, mich mit meiner Art den anderen verständlich zu machen.

5 Spott

Beißend bin ich und ungerecht. Blind bin ich und ohne Maß. Meine Lust ist es, mich lustig zu machen über das Ungewöhnliche. Die Sehnsucht nach mehr Verstehen und Verstandenwerden ist erkaltet.

Stellen Sie sich an die Stelle der Spottenden. Es ist schwer, das auszuhalten. Nicht nur wegen der Ungerechtigkeit. Schwer ist es sich zu erinnern, wie man durch Spott auf Distanz zu anderen gegangen ist. Die Bibel macht Sie darauf aufmerksam. Gehen Sie nicht zu schnell darüber hinweg. Trauen Sie sich, hier zu verweilen.

6 Petrus

Gehöre ich eigentlich noch dazu? Ich wollte es nicht glauben, als mir Jesus auf den Kopf zusagte, ich würde ihn verraten. Und dann habe ich es doch getan. Meine eigene Haut wollte ich retten.
Heute weiß ich, es wurde alles gut. Aber das nimmt mir nicht mein Erschrecken darüber, zu was ich fähig war. Gottes Liebe brennt manchmal wie Feuer. Warm und verzehrend zugleich.

Nehmen Sie sich die Zeit, sich gut in Petrus hineinzuversetzen. Er ist einfacher Fischer, Apostel, auch Verräter. Jetzt ist er der Verkünder der Auferstehungsbotschaft. Beruf, Christsein und auch Sündersein sind Gottes Material: Wirksam wird Ihr Reden von Gott nicht durch Ihre Leistung, sondern durch Gottes Geist!

7 Predigt

Ich bin eine Geburt aus Kopf und Herz des Petrus: Die ganze Situation erinnert ihn an Worte aus den heiligen Schriften. Sein Herz sagt ihm deutlich, dass sie wahr sind und nicht gestrig. Der die Worte damals inspirierte, inspiriert nun mich.

Stellen Sie sich vor, wie Petrus predigt. Stellen Sie neben ihn Ihren Pfarrer oder einen anderen Menschen, der predigt. Wer heute predigt, ist vom gleichen Geist erfüllt und an diese Stelle geführt worden. Weniger interessant ist, wie der Einzelne bei Ihnen ankommt. Interessanter ist, wie Gott durch den Einzelnen bei Ihnen ankommt.

7. Ende gut, alles gut

Die Mahnung des Sehers

Versiegle dieses Buch mit seinen prophetischen Worten nicht! Denn die Zeit ist nahe. Siehe, ich komme bald, und mit mir bringe ich den Lohn, und ich werde jedem geben, was seinem Werk entspricht. Ich bin das Alpha und das Omega, der Erste und der Letzte, der Anfang und das Ende. ¶ Selig, wer sein Gewand wäscht: Er hat Anteil am Baum des Lebens, und er wird durch die Tore in die Stadt eintreten können. Draußen bleiben die »Hunde« und die Zauberer, die Unzüchtigen und die Mörder, die Götzendiener und jeder, der die Lüge liebt und tut. ¶ Ich, Jesus, habe meinen Engel gesandt als Zeugen für das, was die Gemeinden betrifft. Ich bin die Wurzel und der Stamm Davids, der strahlende Morgenstern. ¶ Der Geist und die Braut aber sagen: Komm! Wer hört, der rufe: Komm! Wer durstig ist, der komme. Wer will, empfange umsonst das Wasser des Lebens. Ich bezeuge jedem, der die prophetischen Worte dieses Buches hört:

Wer etwas hinzufügt, dem wird Gott die Plagen zufügen, von denen in diesem Buch geschrieben steht. Und wer etwas wegnimmt von den prophetischen Worten dieses Buches, dem wird Gott seinen Anteil am Baum des Lebens und an der heiligen Stadt wegnehmen, von denen in diesem Buch geschrieben steht. Er, der dies bezeugt, spricht: Ja, ich komme bald. – Amen. Komm, Herr Jesus! ¶ Offenbarung 22,10.12–20

1 Ende gut, alles gut.

Gott hat in der Bibel das erste Wort. Das letzte Wort hat der Mensch. Als hätte er seine Lektion gelernt, ist der letzte Satz der Bibel ein Ruf der Sehnsucht: Komm, Herr Jesus! Die Erwartung seiner Wiederkunft kennzeichnet die Christen. Am Ende steht nicht Chaos und Untergang, sondern Gottes Ordnung und die Auferstehung der Toten.

Trauen Sie sich, in den nächsten zehn Minuten immer wieder zu beten: Komm, Herr Jesus. Schauen Sie dabei das Kreuz an. Lassen Sie alle Zweifel und allen Glauben dabei in Ruhe aufkommen und zum Kreuz hinfließen: Das letzte Wort über mein Leben wirst du, Jesus, sprechen.

2 Amen

Wenn Jesus das letzte Wort haben wird über mein Leben, dann kann ich getrost auch mein eigenes Amen sprechen. Was mein Leben auch ausmacht: Gott wird es vollenden. Diese Verheißung macht aus der Bibel mehr als ein Rezeptbuch für Leben und Glauben. Sie ist in erster Linie ein Verheißungsbuch: Gott wird uns erfüllen, wonach wir uns – zu oft vergeblich – sehnten.

Trauen Sie sich, auf ein Blatt offene Rechungen zu schreiben, die Sie mit ihren Mitmenschen haben oder mit dem Leben selbst. Vieles blieb unvollendet. – Anschließend nehmen Sie jede Zeile in den Blick. Hören Sie, wie Jesus dazu spricht: Amen! ...

3 Bald

Gerade das letzte Buch der Bibel ist voller Bilder, die sich uns nicht gleich erschließen. Statt nun aber alles Wort für Wort verstehen zu wollen, könnten Sie von der letzten Aussage der Bibel her den Schlüssel zu den Furcht erregenden Bildern finden. Sie haben alle den Sinn, den Menschen davor zu bewahren, die Begegnung mit Gott aufschieben zu wollen. Weil es vor Gott kein „später" gibt, sollte man dem ICH BIN DA FÜR DICH JETZT (siehe Kapitel 3) mit einem vertrauensvollen AUCH ICH BIN DA FÜR DICH JETZT antworten.

Beten Sie öfter laut: Ich bin da für dich – jetzt.

4 Anteil

Die Bibel kann man nur betend verstehen, das haben wir im ersten Kapitel anschaulich gemacht. Wer je ein an sich wertloses Plastiktier von einem Kind mit aller Feierlichkeit geschenkt bekam, der weiß, was Beziehung, was Liebe zu wecken vermag. Aus den toten Buchstaben der Bibel wird ein Kunstwerk, aus dem sein Schöpfer zu uns spricht. Sein Sprechen ist schöpferisch. Wir können die Worte der Bibel mit der Empfangsbereitschaft der Liebenden lesen.

Trauen Sie sich, die Bibelstelle einige Male laut zu lesen. Spüren Sie nach all den dramatischen Worten die Erleichterung, die der Gebetsruf im letzen Vers der Bibel verschafft.

5 Komm!

Die Bibel will den Menschen in die Gemeinschaft mit Gott locken.

Trauen Sie sich, das geheimnisvolle „Komm!“ des Geistes und der Braut wörtlich zu nehmen. Gehen Sie zu einer Kirche. Je näher Sie ihr kommen, um so lauter lassen Sie die Stimme werden, die Sie dahin ruft. Gehen Sie durch die Kirchentür; sie ist geschmückt, weil jeder Innenraum einer Kirche der Hochzeitssaal für Jesus ist, der „die Tür zum Vater“ ist. Im Kirchenraum bilden die Christen, im Geist um Jesus versammelt, die Braut, die wir als Kirche sind. Im Gottesdienst feiern und erneuern wir die Vereinigung mit Gott, die in der Taufe schon geschehen ist.

6 Alpha

Das Alpha eröffnet den Reigen der Buchstaben des griechischen Alphabetes. „Im Anfang war das Wort ... und das Wort ist Fleisch geworden." (Evangelium nach Johannes 1,1.14) Jesus steht nach dem Zeugnis der christlichen Bibel bei Gott am Anfang der Schöpfung, in der durch seinen Geist die Welt geschaffen wird.

Trauen Sie sich, zum Vater durch den Sohn im Heiligen Geist zu beten. Nehmen Sie die christliche Überzeugung von der Dreifaltigkeit Gottes Ernst. Trauen Sie sich, Ihr Beten als ein Sprechen mit dem Vater, dem Sohn und dem Heiligen Geist zu erleben.

7 Omega

Der letzte Buchstabe des Alphabetes ist das „O“, Omega genannt. Es sieht aus wie ein Tor. Im Buddhismus wird das Ohm als dauernder Meditationslaut genutzt. Im „O“ können wir Erschrecken und Erstaunen, Entrüstung und Zustimmung lautmalen.

Trauen Sie sich, die vielen Schichten Ihrer Gefühle durch einen entsprechenden „O“-Laut auszudrücken. Gar nicht kompliziert denken. Die Bibel meint es leicht mit Ihnen. Die Botschaft ist einfach. Ihr Beten werde es auch!

Ausblick

Wir haben Ihnen in diesem Buch einige für Sie vielleicht ungewohnte und neue Lese- und Verstehenswege in die Bibel vorgestellt. Es gibt noch so viele mehr. Deshalb laden wir Sie ein, sich immer neu Ihren persönlichen Weg zu suchen. Wir würden uns freuen, wenn unsere Vorschläge Ihnen Mut machen, die Bibel selber in die Hand zu nehmen.
Lesen Sie einmal ein ganzes biblisches Buch von Anfang bis Ende. Sie werden entdecken, welche Dramaturgie sich die Schriftsteller der Bibel jeweils – als Verständnishilfe – haben einfallen lassen.
Lesen Sie die Bibel ruhig auch als Quelle kleiner Lebensweisheiten und überlegen Sie, was ein Satz oder ein Wort für Ihren konkreten Alltag für eine Bedeutung hat.
Schlagen Sie die Bibel einfach mal an einer beliebigen Stelle auf, trauen Sie sich, keine

Angst vor den weitgehend unbekannten Teilen der Bibel zu haben.
Bibellesen, das muss auch nicht immer nur etwas für eine ruhige Minute sein. Nehmen Sie die Bibel mit auf Reisen, speichern Sie sie auf Ihren Computer oder nehmen Sie sich vor, sie von Anfang bis Ende zu lesen. Es gibt viele Zugänge und es gibt viel zu entdecken, wenn wir nur den Mut haben, uns dem Buch der Bücher zu nähern.
Dabei wünschen wir Ihnen viel Freude.
Mögen unsere sieben Kapitel sie ermutigen, Ihren eigenen Weg durch die Bibel zu gehen.

Bruder Paulus Terwitte
Marcus C. Leitschuh